BEI GRIN MACHT SICH IHR
WISSEN BEZAHLT

- Wir veröffentlichen Ihre Hausarbeit,
  Bachelor- und Masterarbeit

- Ihr eigenes eBook und Buch -
  weltweit in allen wichtigen Shops

- Verdienen Sie an jedem Verkauf

Jetzt bei www.GRIN.com hochladen
und kostenlos publizieren

Gründung eines fiktiven Unternehmens. Chancen und Risiken des innovativen Geschäftsmodells

Bibliografische Information der Deutschen Nationalbibliothek:

Die Deutsche Nationalbibliothek verzeichnet diese Publikation in der Deutschen Nationalbibliografie; detaillierte bibliografische Daten sind im Internet über http://dnb.d-nb.de abrufbar.

ISBN: 9783346808202
Dieses Buch ist auch als E-Book erhältlich.

Deutsche Hochschule für
Prävention und Gesundheitsmanagement
Hermann-Neuberger-Sportschule 3
66123 Saarbrücken

Hausarbeit

Studiengang	Prävention und Gesundheitsmanagement
Studienmodul	Unternehmertum
Datum Präsenzphase (siehe Ergebnisdokumentation)	07.11. – 09.11.2022
Aufgabe	1) Vorstellung des Unternehmens 2) Geschäftsmodell 3) Testing & Strategische Analyse

Inhaltsverzeichnis

1   Vorstellung des Unternehmens

Die Grundlage für die erste Aufgabe bildet das Szenario B, hierbei wird ein (noch) nicht-existierendes Unternehmen gegründet, welches ein innovatives Geschäftsmodell plant. Das fiktive Unternehmen weist keinen direkten Bezug zu einem real existierenden Unternehmen auf.

Das neugegründete fiktive Unternehmen trägt den Namen „HOMEGYM" und besitzt folgende Logo.

Abbildung 1: Unternehmenslogo "HOMEGYM" (eigene Darstellung)

Das Unternehmen „HOMEGYM" ist ein Anbieter für Fitnessgeräte und dem dazugehörigen Equipment. Die Besonderheit bei „HOMEGYM" ist, dass sich der Anbieter auf privat Personen spezialisiert hat und die Geräte nicht nur verkauft, sondern auch vermietet werden. Das Unternehmen kauft „Altbestände" aus Fitness- und Gesundheitsstudios auf, säubert, gepolstert und repariert diese. Gekauft werden vor allen Dingen Cardio- und Kraftgeräte, sowie Kurz- und Langhanteln, Griffe für die Kraftgeräte und Kursequipment. Aktuell werden die genannten Geräte bei Fitness- und Gesundheitsstudios gekauft, die aufgrund der Folgen der Coronapandemie ihr Geschäft leider schließen mussten. In Zukunft soll eine online Plattform errichten werden, bei der sich Studios registrieren können, um ihre Geräte online einzustellen und sich dadurch ein erstes Angebot einholen zu können.

Der Verkauf und die Vermietung der Geräte und des Equipments basieren auf einem Onlineshop. Interessenten können sich hier kostenlos anmelden und gewünschte Geräte bzw. gewünschtes Equipment in den Warenkorb legen. Beim Kauf wird eine einmalige Gebühr für das Gerät fällig, diese Gebühr fällt bei jedem Gerät aufgrund der Funktionen, der Größe und des Zustandes anders aus. Entscheidet sich ein Kunde für das Mieten eines Gerätes, kann er zwischen drei verschiedenen Laufzeiten wählen; 3 Monate, 6 Monate oder 9 Monate. Je länger ein Kunde ein Gerät mietet, desto günstiger ist der monatliche Beitrag. Zu jedem Kauf und auch zu jeder Vermietung fällt eine Liefer- und Montagepauschale an, diese richtet sich nach Umfang, Größe und Gewicht des Gerätes und nach der Entfernung des Kunden. Das Equipment wird ohne eine solche Pauschale verschickt. Nach dem Kauf oder der Miete eines Gerätes wird das Produkt zum Kunden geliefert und dort von Mitarbeitern aufgebaut und in Betrieb genommen.

HOMEGYM fokussiert sich auf Privatpersonen, die sich, wie der Name schon aussagt, zuhause ein eigenes kleines Fitnessstudio aufbauen möchten. Besonders in Zeiten der anhaltenden Coronapandemie und möglicherweise kommenden Lockdowns ist dies ein guter Ersatz für das Fitnessstudio in der Stadt. Die Nachfrage nach den Geräten und dem Equipment steigt stetig an und genau deswegen möchte „HOMEGYM" DER neue Anbieter im Bereich Fitnessgeräte werden.

2 Geschäftsmodell

Das folgende Kapitel beschäftigt sich mit dem zu etablierenden Geschäftsmodell. Die neue Geschäftsidee wird anhand von einer Origin Story, der Value Proposition Canvas und des Business Model Canvas anschaulich dargestellt.

2.1 Unternehmerische Gelegenheit & Story

In diesem Kapitel wird die unternehmerische Gelegenheit des neuen Geschäftsmodells anhand einer Story dargestellt. Für die Darstellung wird die Origin Story nach Baehr und Loomis verwendet.

„Sehr geehrte Investoren,

seit meinem 10. Lebensjahr betreibe ich leidenschaftlich Sport. Was im Schulsport angefangen hat, hat sich zu Leichtathletik, Volleyball und Badminton im Verein entwickelt. Und neben diesem Hobby ist zum 16. Lebensjahr dann noch der Kraftsport dazu gekommen. Mein Krafttraining habe ich im dorfeigenen Fitnessraum des Heimatvereins begonnen und seither viele Fitnessstudios besucht. Das Interesse und die Leidenschaft am Sport waren so groß, dass ich in der gesamten Schulzeit an freiwillige Arbeitsgemeinschaften, so genannten AGs teilgenommen habe. Schnell war also auch klar, nach meinem Abitur werde ich etwas im Bereich Sport studieren. Ich habe mich dann für ein duales Studium im Bereich Fitnessökonomie entschlossen. Während meines letzten Jahres brach weltweit die Coronapandemie aus. Im März 2020 schlossen zum ersten Mal die Fitness- und Gesundheitsstudios und der Vereinsbetrieb wurde eingestellt. Unzählige Wochen war meine Leidenschaft „geschlossen" und gerade in der stressigen Zeit rund um die Bachelorthesis hätte ich die Ablenkung gut gebrauchen können. Ich wusste nicht, wie ich mein Krafttraining ersetzen könnte. Anfangs war ich noch viel Joggen und habe viele Homeworkouts gemacht, nur leider habe ich dort schnell gemerkt, dass ist nicht das, was mich hundertprozentig erfüllt. Eines Tages habe ich dann auf den Social Media Kanälen meines Fitnessstudios gesehen, dass man sich wochenweise Equipment wie Kurz- und Langhanteln, Stepper & Co. ausleihen konnte. Gesehen, angerufen, gebucht und abgeholt, all diese Schritte gingen in minutenschnelle und meine Homeworkouts waren auch einfach viel besser.

Während dieser Zeit kam mir die Idee und einige Monate später, mittlerweile habe ich das Bachelorstudium erfolgreich abgeschlossen und bin im letzten Semester meines Masterstudiums, stehe ich hier vor Ihnen. Ich habe viel recherchiert, denn ich wollte wissen wie sich das Angebot und die damit verbundenen Nachfrage an Equipment für das Training zuhause entwickelt hat. Und was habe ich dabei festgestellt? Leere in den online Shops! Nicht nur einfaches Equipment wie Hanteln, Matten, Bälle und Stepper waren ausverkauft, sondern auch richtige Geräte wie Multipressen, Laufbänder & Co. Des Weiteren, wie in vielen Branchen, mussten immer mehr Dienstleister und darunter auch Fitness- und Gesundheitsstudios Insolvenz anmelden. Die Einnahmen fehlten aufgrund der Schließungszeit und die Rechnungen konnten nicht mehr beglichen werden. Und genau in diesem Moment kam mir die Frage, was passiert mit der kompletten Ausstattung des Studios?

Jetzt weiß ich was passiert, wir von „HOMEGYM" kaufen die Ausstattung auf, reparieren sie und verkaufen oder vermieten sie an Privatpersonen. Die Geräte werden nach diesem Prozess in unseren Onlineshop aufgenommen und stehen dann direkt zur Verfügung. Die

Vermietung der Geräte und des Equipments läuft durch ein vorher festgelegtes Abonnement. Zwischen drei und neun Monaten kann ein Gerät gemietet und genutzt werden. Alle Geräte werden nach Hause geliefert und dort von unseren Mitarbeitern aufgebaut und in Betrieb genommen. Nach Ablauf des Abonnements kann es entweder verlängert werden, das Gerät kann aber auch gekauft oder an uns zurückgegeben werden.

Die Preise für die einzelnen Abonnements stehen nicht fest. Allerdings ist geplant, dass der monatliche Mietpreis günstiger wird, je länger das Gerät gebucht wird. HOMEGYM wird sich auf den Online-Handel fokussieren, um die Waren direkt kaufen und verkaufen zu können.

Auf dem deutschen Markt gibt es aktuell keinen weiteren Anbieter. Allerdings gibt es immer noch sehr viele Nachfrager, so dass die Nachfrage gerade in den Zeiten der Coronapandemie weiterhin steigt und das Training zuhause für jeden interessanter wird. Vielen Personen wollen aufgrund der Maßnahmen rund um die Pandemie nicht in Fitness- und Gesundheitsstudios gehen, da größere Menschenansammlungen vermieden werden wollen. Im Sommer kann jeder draußen trainieren, aber sobald die kalte Jahreszeit kommt, hören viele Leute mit dem Training draußen auf. Und genau diese Leute wollen wir von HOMEGYM ansprechen. Warum nur 6 Monate im Jahr Sport treiben, wenn es doch auch 12 Monte lang geht? Zusammen machen wir all die Interessenten zu unseren Kunden!

Vielen Dank für Ihre Aufmerksamkeit."

2.2   Value Proposition Canvas

Das Ziel des Value Proposition Cancaes ist, die konkreten Kundenbedürfnisse zu analysieren und die Produkte und Dienstleistungen an diesen Ergebnissen auszurichten (Lukas, 2018). Ursprünglich wurde sie von Dr. Alexander Osterwalder entwickelt, um sicherzustellen, dass Produkt und Markt zusammenpassen. Die Value Proposition Canvas ist ein detaillierter Blick auf die Beziehung zwischen zwei Teilen: dem Kundensegment und Wertangebot (B2B International, 2021).

Die folgende Abbildung zeigt die neu entwickelte und designte Value Proposition Canvas für die Geschäftsidee von HOMEGYM.

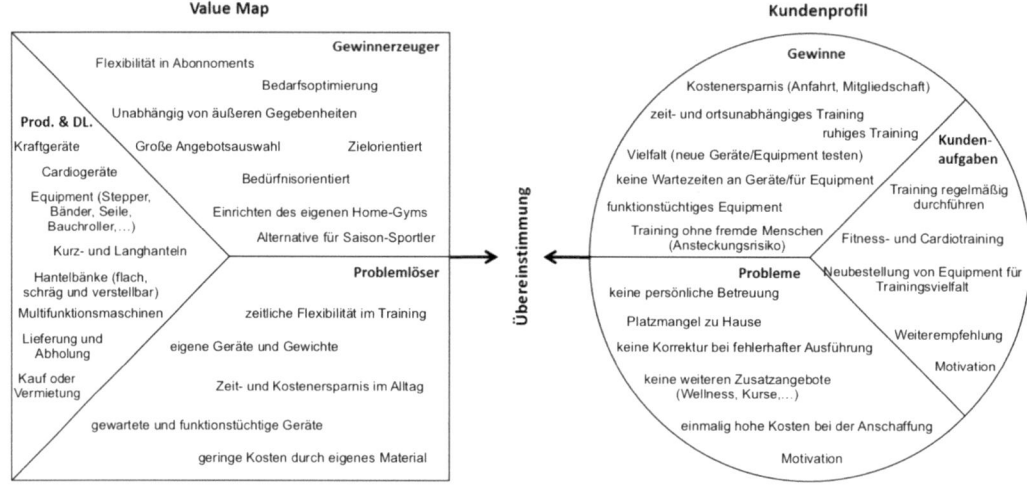

Abbildung 2: Value Proposition Canvas HOMEGYM (eigene Darstellung)

2.3 Business Model Canvas

Die Business Model Canvans beschreibt ein Geschäftsmodell, welches aus insgesamt neun Teilaspekten besteht (Wohllebe, 2022). Der Fokus hierbei liegt auf dem Werteversprechen, welches sich im Mittelpunkt der Abbildung befindet. Laut Angermeier (2015) ist die Erstellung der Business Model Canvas bei der Entwicklung und Umsetzung eines neuen Geschäftsmodells nur der erste Schritt. Im weiteren Prozess werden sogenannte „Patters" entworfen, bevor das Design des Geschäftsmodells genau definiert und die Strategie aufgestellt wird.

Die folgende Abbildung zeigt die neu entwickelte und designte Business Model Canvas für die Geschäftsidee von HOMEGYM.

Schlüssel-partner	Schlüssel-aktivitäten	Wertangebote	Kunden-beziehungen	Kundensegmente
Investoren (ehemalige) Fitnessstudiobetreiber	Kundenstamm aufbauen und pflegen	Cardio- und Kraftgeräte	Pflege des festen Kundenstamms durch Events	Saisonsportler*innen (Im Sommer Sport nur draußen, im Winter Sport nur drinnen)
Banken	Sales	Kurz- und Langhanteln	Communityapp	Hobbysportler*innen
Softwareentwickler	Marketing	Gewichtsscheiben	direkte Ansprechpartner	Athleten (Vorbereitung auf Wettkämpfe)
Suchmaschinen (Platzierung von online Werbung)	Qualitätsmanagement	Multifunktionsgeräte	Influencertrainings	Firmen (Eigenes Fitnessstudio für Mitarbeiter in der Firma)
Influencer für Influencer-Marketing	Pflege Homepage und Social Media Kanäle	Bänke (flach, schräg und verstellbar)		Körperlich eingeschränkte Menschen (die das Haus nur schwer alleine verlassen können)
Marketingagentur (Social Media Auftritt, Erstellen von Werbeanzeigen für Plakate, Flyer und Prospekte)	**Schlüssel-ressourcen** Startkapital	Equipment (Bänder, Seile, Stepper,..)	**Kanäle** Homepage & online Shop	Verein (Eigenes Fitnessstudio für Vereinsmitglieder, gewisse Sparten)
Zahlungsanbieter (PayPal)	Unternehmerisches Know-How	Lieferung und Abholung der Geräte	Social Media Kanäle (Facebook und Instagram)	
	Personal	Reperatur von Geräten	Printwerbung (Fachzeitschriften)	
	Fuhrpark	Aufbau und inbetriebnahme der Geräte bei Kunden	Plakat- und Flyerwerbung	
	Informationsplattformen (Social Media, Homepage & online Shop)	Verkauf oder Vermietung der Geräte und des Equipments	Mailing (Newsletter)	

Kostenstruktur	Einnahmequellen
Investition in Geräte und Equipment + Aufbereitung zum weiteren Verkauf/zur Vermietung	Verkauf von Geräten und Equipment
Personalkosten Fuhrpark Versicherungen Miete	Vermietung (Abonnoments) von Geräte und Equipment
Steuern Marketing Vertriebskosten	Buchung von Traininer*innen für Einweisung an die Geräte
Pflege Homepage & online Shop	

Abbildung 3: Business Model Canvas HOMEGYM (eigene Darstellung)

3 Testing & Strategische Analyse

Das letzte Kapitel beschäftigt sich mit dem Test des neuen Geschäftsmodells. Hierfür werden Hypothesen abgeleitet und Kennzahlen festgelegt. Anschließend wird die Geschäftsmodellumgebung des Geschäftsmodell nach Osterwalder und Pigneur analysiert.

3.1 Test des Geschäftsmodells

Da neue Geschäftsmodelle oftmals auf ungeprüften Annahmen basieren, empfiehlt es sich vor der Umsetzung einer Geschäftsidee einen Test durchzuführen, um die verschiedenen Annahmen zu verifizieren. Die sogenannte „Test Card" hilft beim systematischen Prüfen von Hypothesen und Dokumentieren von Erkenntnissen. In diesem Kapitel werden zwei Testkarten für das Geschäftsmodell von „HOMEGYM" erstellt.

Die erste Testkarte bezieht sich auf die Marktrelevanz des Angebotes und das grundsätzliche Interesse.

Tabelle 1: Testkarte zum Thema Marktrelevanz und grundsätzliches Interesse (eigene Darstellung)

Wir glauben, dass…
… die Beliebtheit einer individuellen und flexiblen Trainingsmöglichkeit in den nächsten zehn Jahren um 25% steigt und Home-Gyms in Zukunft bedeutender als Fitness- und Gesundheitsstudios werden.
Um dies zu verifizieren, werden
… mindestens 800 Sportler*innen eine online Umfrage zum Thema „Fitness- und Gesundheitsstudios vs. Home-Gym?" durchführen. Die Befragten erhalten einen Link, welcher sie zu einer Umfrage weiterleitet.
Und messen…
… die Anzahl der Sportler*innen, welche auf den bereitgestellten Link geklickt haben.
Wir liegen richtig, wenn…
… über 50% der befragten Sportler*innen angeben, dass die Nutzung eines Home-Gyms für sie interessanter wäre als eine Mitgliedschaft in einem Fitness- und Gesundheitsstudio.

Die zweite Testkarte bezieht sich auf die Zahlungsbereitschaft von potenziellen Kunden/Kundinnen.

Tabelle 2: Testkarte zum Thema Zahlungsbereitschaft von potenziellen Kunden/Kundinnen (eigene Darstellung)

Wir glauben, dass…
… Sportler*innen eher bereit sind in eigene Geräte und Equipment für ein eigenes Home-Gym zu investieren als in eine 12-monatige Mitgliedschaft in einem Fitness- oder Gesundheitsstudio in Höhe von 600€.
Um dies zu verifizieren, werden
… mindestens 800 Sportler*innen eine online Umfrage zum Thema „Wie viel Geld würdest Du in Dein eigenes Home-Gym investieren?" durchführen. Die Befragten erhalten einen Link, welcher sie zu einer Umfrage weiterleitet.
Und messen…
… die Anzahl der Sportler*innen, welche auf den bereitgestellten Link geklickt habe.
Wir liegen richtig, wenn…
… über 50% der befragten Sportler*innen angeben, dass sie eher 650€ in eigene Geräte und Equipment investieren würden als in eine 12-monatige Mitgliedschaft in einem Fitness- oder Gesundheitsstudio.

3.2 Geschäftsmodellumgebung

Im Folgenden werden zwei wichtige Chancen und zwei wichtige Risiken der Geschäftsmodellumgebung des Geschäftsmodells von „HOMEGYM" identifiziert und genauer erläutert.

Chance 1: Prävention in allen Altersgruppen

Die Bedeutung von Sport und Bewegung als präventive Maßnahme für die allgemeine Gesundheit und gegen Alterserkrankungen nimmt weltweit zu. Mittlerweile hat eine regelmäßige Bewegung einen hohen und immer weiterwachsenden Stellenwert in der deutschen Bevölkerung. Im Jahr 2017 betrieben in Deutschland 11,57 Millionen Menschen mehrmals wöchentlich Sport (Pawlik, 2022). Im Jahr 2021 sind es mittlerweile 14,27 Millionen Deutsche, die sich mehrmals die Woche sportlich betätigen (Pawlik, 2022). Eine gesunde und ausgewogene Ernährung, sowie regelmäßiger Sport sind wichtiger denn je, besonders in den letzten Jahren hat das Thema rund um Fitness an Bedeutung gewonnen. Und genau diesen Trend erkennen viele Personen und Dienstleistungsunternehmen. Das Angebot für Gesundheits- und Fitnesskursen, Trainingsmöglichkeiten in einem eins zu eins Coaching oder in der Gruppe und Ernährungsberatungen wächst stetig. Ebenso entsteht eine Vielzahl neuer Fitness- und Gesundheitsstudios, die mit verschiedensten Angeboten, Aktionen und Programmen werben. Sport und Bewegung als Prävention ist tief verankert und nicht mehr wegzudenken. Für das Geschäftsmodell ist dieser sozioökonomische Trend hilfreich, da dieser die Produkte optimal vermarktet und dadurch der Verkauf angetrieben wird.

Chance 2: Homeoffice

Durch die Coronapandemie gibt es weltweit einen wachsenden Trend zum Arbeiten im Homeoffice. Insgesamt 27% der Arbeitnehmer arbeitet im während des Lockdowns im April 2020 im Homeoffice. Ende Januar 2021 waren es immer noch knapp ein Viertel der befragten Personen (Statistica, 2022). Vor der Coronapandemie arbeiteten gerade einmal 4% der Arbeitnehmer im Homeoffice. Viele Menschen haben aufgrund des Homeoffice und der geschlossenen Fitness- und Gesundheitsstudios das Haus kaum noch verlassen. Die Workouts, die sonst mit Trainingspartnern in Studios stattgefunden haben, wurden aufgrund der geschlossenen Studios und der langanhaltenden Kontaktbeschränkungen gestrichen und durch Homeworkouts ersetzt. Im Allgemeinen handelt es sich bei Home-Gyms um einen nachhaltigen Trend. Sportler*innen erkennen, wie effektiv und zeitsparend ein Training zuhause sein kann. Wichtig dabei zu betrachten ist, dass die Sportler*innen über die Räumlichkeiten und finanziellen Mittel verfügen.

Risiko 1: Weitere Anbieter

Durch den bereits lange anhaltenden Fitnesstrend gibt es viele Hersteller für Fitnessgeräte und Equipment. Viele dieser Hersteller fokussieren sich, besonders seit der Pandemiezeit, auf privat Personen, die sich ein eigenen Home Gym aufmachen möchten. Der Vertrieb läuft dabei über Onlineshops, welche durch Influencer stark beworben werden. Während der Pandemiezeit begannen weitere, meist branchenfremde Anbieter, auch Artikel für Home-Gyms zu produzieren. Der Markt war aufgrund der hohen Nachfrage vollkommen überlastet und ein dauerhaftes „ausverkauft" zierte die Onlineshops. Durch die hohe Nachfrage wurden viele Artikel produziert, die aufgrund der später wieder abnehmenden Nachfrage im Lager liegen blieben. Der Grund für die abnehmende Nachfrage war die teilweise Eröffnung von Fitness- und Gesundheitsstudios, sowie die Wiederaufnahme von Vereinssport. Für das Geschäftsmodell ist dies erstmal kein gutes Zeichen, da das neu gegründete Unternehmen möglicherweise die Produkte nur schwer verkauft bekommen könnte.

Risiko 2: Ersatzdienstleitungen

Mittlerweile gibt es auf dem Sport- und Fitnessmarkt unzählig viele Produkte. Der US-amerikanische Hersteller Peloton, welcher im Jahr 2012 durch eine Kickstarter Kampagne gegründet wurde, verkauft und vermietet unter anderem „High-Tech-Fitnessbikes". Die Nachfrage nach diesen Bikes stieg während der Lockdownmonate so rasant an, dass es teilweise zu Lieferengpässen kam. Laut einem Artikel des Handelsblattes kostet das günstige Bike einmalig 2145€, um die vollen Funktionen des Bikes und der on demand Kurse nutzen zu könne, welche 39€ im Monat kosten, wird das Starter Set benötigt. Das Starter-Set kostet einmalig 205€ und umfasst Schuhe mit Klicksystem, Hanteln und eine Trainingsmatte. Das Peloton Bike wurde schnell zu einem Statussymbol, welches gefühlt in jedem zweiten Wohnzimmer stand (Kontio, 2021). Für Arbeitgeber ist die Gesundheit der Mitarbeiter*innen das Wichtigste im Unternehmen, denn ohne seine Mitarbeiter*innen bleiben wichtige arbeiten liegen und Maschinen stehen. Daher bieten immer mehr Unternehmen ihren Mitarbeiter*innen die Möglichkeit vergünstigt oder sogar kostenlos an Fitnessangeboten teilzunehmen. Für Fitness- und Gesundheitsstudios sind Firmenfitnesskooperationen schon lange sehr wichtig und eine große Einnahmequelle. Die Angebote werden individuell auf die Firmen und Teilnehmerzahlen angepasst, so dass jedes kleine, aber auch große Unternehmen die Möglichkeit hat, ein solches Angebot für die Mitarbeiter*innen zu erhalten. Durch diese Vielzahl an Angeboten, ist das Interesse und spätere Nutzen eines eigenen Home-Gyms sehr gering, da die Nachfrage befriedigt ist.

4   Literaturverzeichnis

Angermeier, G. (13. Mai 2015). *Business Model Canvas.* Zugriff am 20.11.200. Verfügbar unter https://www.projektmagazin.de/glossarterm/business-model-canvas

B2B International. (2021). *What is the Value Proposition Canvas?* Zugriff am: 20.11.2022. Verfügbar unter https://www.b2binternational.com/research/methods/faq/what-is-the-value-proposition-canvas/

Kontio, C. (15.05.2021). *Lohnt sich das Peloton-Bike, oder ist es ein teurer Staubfänger?* Zugriff am 22.11.2022. Verfügbar unter https://www.handelsblatt.com/technik/gadgets/peloton-bike-im-test-lohnt-sich-das-peloton-bike-oder-ist-es-ein-teurer-staubfaenger/27179360.html

Lukas, T. (2018). Business Model Canvas – Geschäftsmodellentwicklung im digitalen Zeitalter. In Grote, S. & Goyk, R. (Hrsg.), *Führungsinstrumente aus dem Silicon Valley. Konzepte und Kompetenzen.* Berlin: Springer Gabler.

Pawlik, V. (26.07.2022). *Häufigkeit des Sporttreibens in der Freizeit 2021.* Zugriff am: 21.11.2022. Verfügbar unter https://de.statista.com/statistik/daten/studie/171911/umfrage/haeufigkeit-sport-treiben-in-der-freizeit/

Statista Research Department (01.04.2022). *Entwicklung der Nutzung von Homeoffice vor und während der Corona-Pandemie bis 2021.* Zugriff am: 22.11.2022. Verfügbar unter https://de.statista.com/statistik/daten/studie/1204173/umfrage/befragung-zur-homeoffice-nutzung-in-der-corona-pandemie/

Wohllebe, A. (2022). *Geschäftsmodelle systematisch analysieren. Wertschöpfungsmechanismen verstehen und Wirkungszusammenhänge identifizieren.* Wiesbaden: Springer Gabler.

5   Abbildungs- und Tabellenverzeichnis

5.1   Abbildungsverzeichnis

5.2   Tabellenverzeichnis

BEI GRIN MACHT SICH IHR WISSEN BEZAHLT

- Wir veröffentlichen Ihre Hausarbeit, Bachelor- und Masterarbeit

- Ihr eigenes eBook und Buch - weltweit in allen wichtigen Shops

- Verdienen Sie an jedem Verkauf

Jetzt bei www.GRIN.com hochladen und kostenlos publizieren